울었던 자리마다 돌을 쌓으며

홍경희

시인의 말

그늘에 잠긴 이름들도
어느새 표정이 되었다

겨우, 나를 빠져나왔다

안녕이라는 말,
저 먼 어디로 스며들었을까

섬이
조금 넓어졌다

2025년 가을
홍경희

울었던 자리마다 돌을 쌓으며

차례

1부 뒤돌아보지 않으면 상처의 이름도 알 수 없으니

돌탑	11
달아 놀자	13
저녁의 눈빛	16
뿔 속의 울음	19
사월의 좌표	21
때죽나무의 시간	23
흔	26
나무와 새	28
곁	31
마음 무덤	33
파랑 주의보	36
귓속에 눈이 내리면	38
아무렇지도 않은 듯이	40

2부 눈물은 언제나 봄보다 먼저 피었다

쑥부쟁이	45
나를 나이게 하는 곳	47
어제는 오늘이 되지 않는다	49
바다라는 질량	52
수평선으로 밑줄 그은	54
흔들리는 끝	57
봄을 밀어내며	59
겨울나무	62
몸에 복사꽃 피던	64
구석의 시간	66
부재	68
질문	70
걸음과 그림자	72

3부 혹시, 굴러가면 너에게 닿을 수 있을까

비탈	81
거절의 방식	83
수평선 위의 사월	85
울었던 자리마다 돌을 쌓으며	87
드르쌍 내불라	90
말조심하시길 바랍니다	93
나이와 마주하여	95
그믐을 건디는 일	99
새벽	101
요일 이후	103
뒤가 생기는 자리	105
산책하는 사이	107
배고파지는 지점	109

4부 보이지 않는 소리에 기대어

자화상	113
2월	115

바다, 바보	117
휴지기	119
아침의 자세 1	121
아침의 자세 2	123
아침의 자세 3	125
아침의 자세 4	127
아침의 자세 5	129
아침의 자세 6	131
아침의 자세 7	133
아침의 자세 8	134
아침의 자세 9	136
아침의 자세 10	138
아침의 자세 11	140

발문

울면서 쌓은 돌, 바람을 이기는 단단한 시가 되고	142
─문경수(시인)	

1부
뒤돌아보지 않으면
상처의 이름도 알 수 없으니

돌탑

돌 하나 들어 올려
귀를 씻고
입을 닦아
말의 무게를 고요히 다져

사람과 부처 사이에
올려 두네

사람 속에도 돌이 있어
거칠고 차가워도
서로 받쳐 주면
모난 틈에도 빛이 스며드네

돌 속에도 부처가 있다 하나
층층 돌탑이 쌓이고 늘어 갈수록
사람들을 닮아 가네

사는 일,

이미 수행이었네
두 손 모아
결국 사람을 받드는 일이었네

달아 놀자

살기 위해 남긴 손목의 흉터 위에
달맞이꽃을 피운 그녀

손 내밀 사람 없어도
비 내리는 날에도
속병 든 그믐에도

달아 놀자,
부르는 이들에게
불을 밝히는 지상의 한 모퉁이
허름한 술집

스스로 빛을 내지 못하는
떠돌이별들까지 품었다

남을 위해 흘린 눈물이
부족한 별빛을 채우고
둥글게 모인 가락은

사막을 건너기도 했다

울컥이는 된소리들이
탁자 위로 엎질러지면
별똥별이 떨어지기도 했지

달아 놀자,

탁자 모서리가 다 닳았지만
깨고 나면 서로에게 닿지 못했고
어제는 뿌리를 내릴 만큼 깊지 않았다

얼룩진 밤을 지켜 냈으나
단 한 사람의 곁도 구하지 못한 채

달아 놀자,

그녀가 삐걱거렸네

먹구름에 걸려 달이 넘어가는 날이 늘어 갔네

뒤돌아보지 않으면
상처의 이름도 알 수 없으니

너였거나 나였거나, 너무 멀어서
술 취한 새벽처럼
그녀는 궤도를 벗어나 떠나 버렸지

달을 밀어내고 나설 때
비로소 달과 가장 가까워졌지

저녁의 눈빛

세상의 모든 아버지를
훔치고 싶어 하는 한 사내가 있다

아버지의 얼굴을 알지 못해
곁눈질로도 아버지를 배워 본 적 없는 그는
무릎이 높아 갈수록
텅 빈 아버지의 자리를 들키지 않으려
그늘을 만들지 않았다
눈빛을 숨겼다

어느덧 아들의 아버지라는
부풀어 오른 호칭이 생겨난 이후에도

바늘처럼 마음속에 박힌 아버지가
한 번도 해 보지 못한 아들 노릇과
아비 노릇을
그의 어깨 위에 묵직하게 내려 앉혔다

오늘도 술자리에서
투병 중인 친구의 아버지를 챙기고
후배들의 기억에서 놓쳐 버린 젊은 아버지를
자꾸 묻는다

세상의 아버지를 잠시 빌려
마음 저편 아버지를 불러 보는
그의 방식이다

세상의 아버지를 모두 훔쳐서라도
아들을 채워 주고 싶은
그 사내의 몸짓이다

그럼에도 불이 켜지지 않는
빈집 같은 아버지

반쯤 태운 담배 연기 속에 숨긴 채
살아가는 그는

길어진 그림자 속에서도
여전히 아버지를 배운다

뿔 속의 울음

울음에 닿지 못해
오름 능선을 천천히 걸었다

나무이기도, 새 발가락 같기도
창끝 같기도 한 주술적 부호

뿔,
그 모양이 오름과 겹쳐 떠올랐다

대지가 오름들을 품는 것도
오름이 가파른 까닭도
뿔 속에 담긴 외로움 때문인 것 같았다

그저 오르고 또 오를 뿐
곶자왈 숲을 지나 오름 정상에 다다라
억새밭 속, 우두커니 서 있었다

바람이 억새를 흔들고 지나가자

비로소 주먹을 풀었다

눈앞의 한라산 위 구름도 흘러갔고
멀리 지는 해를 등진 섬마저
수평선에서 사라졌다

바람이 불고 외로울 때면
멀리 있는 사람부터 찾듯

빈 둥지 앞에서 돌아오지 않은 새를 기다렸다
새집이 잔잔히 흔들렸다

기도는 하지 않고
울음이 따라붙은 말만 믿기로 했다

눈물은 고이지 않고
안개가 되어 땅과 하늘 사이를 흘러갔다

사월의 좌표

하늘에 올리듯이 사월이라고 써 놓은 나는,
요령을 흔들어 대는 신통력도 없는 나는,
꽃 피울 한 꼭짓점도 깨뜨릴 수 없는 나는,

곶자왈 굴속 깊이 아직도 숨어 있거나 덩그러니 고무신 안에 빗방울로 남은 말, 천지신명께 비손하는 새벽을 닮은 사람들 그 마지막 음절을 가지에 새긴 팽나무의 말, 그믐날 바람 불면 몸부림치다 흩어져서 돌담 네 귀퉁이 여전한 집터에 죽순으로 솟아나는 말, 별빛이 빠져나간 아이의 눈동자 속에 노루귀 꽃받침으로 하얗게 피어나도 끝끝내 죽청지 위에 쓰이지 못한 말 말 말, 그 발치 백비 앞에서 첩첩 적막을 헤매는 나는,

봄은,
뒤돌아볼 때마다 다정하게 깊어졌으나
뼈대 없는 겨울 이야기 부피만 더듬다가
다짐을 살려 내지 못해
자세 한번 바꾸지 못해

어쩌나
돌아가지 못한 흰 눈빛을 어쩌나
죽은 자들만 결의를 움켜쥐고 있는 모서리
혼자만 살아남은 운명처럼
마주 보는 한 사내

때죽나무의 시간

세상의 끝에서도
당당히 걷고 싶던 그 길

당신의 몸속으로 스스로
거두어들일 즈음
때죽나무가 흰 꽃을 떨구기 시작했다

고개 숙인 눈빛처럼
남겨 놓을 것이
꽃밖에 없었던 사람들처럼
꽃을 흩뿌려 완성하는 슬픔처럼

하얀 것은 죽음의 근원이어서
간절하게 지켜야 하는 끝도 있다

유월의 약속, 산전으로 가는 길

입김으로 녹인 겨울이 가고

귀 세웠던 봄이 가는 동안
어둠 속에 길을 내어 주던
달빛 같은
어쩌면 마지막으로 입에 넣지 못한
한 숟갈 미음 같은

흰빛이 또 시려
차마 밟을 수 없어서
겨우 손바닥 받쳐 들고 꽃들을 줍는다

삶의 끝으로 모여든 사람들,
안간힘으로 꿈꾸던 세상을 생각한다
죽어서도 길을 잃고
헤매는 사람들을 떠올린다

손바닥은 좁아 더 이상 꽃을 담을 수 없고
떨어지는 생생한 꽃들이 아찔해
몇 번이고 뒤돌아본다

눈과 멀어진 꽃들 사이
눈 둘 곳 없는 나무들 사이
퍼득, 날개 치는 소리 스쳐 갈 때
머리 위에 꽃을 떨구고 간 손,
누구였을까

혼

직박구리의 날카로운 울음
동백꽃을 붉게 흔들고
바람 속 꽃송이들은 불꽃처럼 피어올라
타는 냄새와 섞였다

밤낮으로 울리는 불안한 속보
화마는 끝없는 광기처럼 산과 들을 삼키고
마을과 사람들의 뿌리까지 휩쓸었다
검은 연기와 재가 하늘을 뒤덮고
숨조차 막힌 길 위에
사람들의 발자국과 절규가 뒤엉켰다

겨우 살아남은 눈빛들이
불타 버린 집터를 응시하며
문드러진 눈물을 떨굴 때
동박새도 붉은 동백꽃을 한 송이씩 흘렸다

불붙는다는 말

불타는 것 같다는 말
동백나무조차 손사래 치던 날에
내 안의 붉음도 두려움 속에 피어올랐다

또 속보가 울렸다

나무와 새

히이- 오오-
방향 없는 경고음처럼
새벽하늘을 손톱으로 긁어 대는
호랑지빠귀 울음소리

창문이 희끄무레해지고 옆집 닭이 울어도
울음은 그치지 않는다
밤의 마지막 하품까지 쫓아내며
산 위 검게 흩어진 구름을 뚫는다

히이- 오오-
그녀도 삼십여 년 전 저리 울었을 것이다
땅끝 마을 흙과 바람에 실려 자란 아들
서울대 의대를 다니다가 군의관이 아닌
사병의 길을 택했던 아들을 하루아침에 묻고
날마다 울던 그녀의 울음은
점점 새소리를 닮아 갔을 것이다

히이- 오오-
어느 날부터 아침마다
마당 감나무에 앉아서 울기 시작한 새

마치 아들인 듯
새소리로 주고받던 안부가
품속으로 스며들 무렵
어미의 고무신 속에 알을 품은 새

얼마 지나지 않아 태어난 두 마리 새끼를
고양이에게 빼앗기고
다시는 날아오지 않았다

히이- 오오-
그 후, 새를 기다리던 어미는 나무가 되어
뿌리의 힘으로 세상을 받쳤다

오늘,

잃었던 날들의 기억과 기다림을 흔들어 깨우며
다시 숨 쉬는 새와 나무

그 울음은 여전히,
히이- 오오-

결

생색내지 않고
바람에 씨앗을 흩날리며
알뜰히 꽃을 피우는 낮은 들풀처럼
바람의 결로 땅의 상처를 꿰매는 위로처럼

젖은 목소리만으로도
생의 깊이를 알아채는 사람이 있다

몸보다 마음이 먼저 바닥난 날
앓아도 쉴 곳 없어 헤매는 것을

바다 너머에서 어찌 알았는지
안부 전화를 걸어온 시인

"일을 그만둔다고 굶진 않겠지.
병원도 가고, 침도 맞고,
먼저 몸부터 챙겨.
쌀이 떨어지면 보내 줄게.

김치도,
텃밭 채소도."

그 밤, 나에게도
따뜻한 배경이 생겼다

암과 오래 동무하며
순간을 마지막처럼 사는 시인

맑은 웃음소리로
빛을 건네는 그녀 곁에도
바람을 등에 지고
마음을 맡긴 민들레가
환하게 피었을 것이다

마음 무덤

나는 싸리 울타리도 없어서
누군가 화살을 쏘면 심장에 바로 박히는 사람

마치 육탄전을 치른 듯한
겨울 연못, 물때 묻은 남루를 펼쳐 놓고도
멈춰 버린 고요가 어지럽다

꺾인 허리와 무릎으로 서 있거나
물속에 주저앉아 발목을 드러낸 줄기들
잿빛으로 삭아 가는 잎사귀들
그 틈에서도 빈 연밥
검은 씨앗 하나, 아직 뱉지 않았다

막대기로 휘저으면
흙탕물로 번질 어제가 겹겹이 쌓여 있다

내가 넘어진 건 중심을 잃었기 때문이었으나
곁에서 함께 다쳐야 했던

너를 탓한 날도 있었다
웃음 짓는 얼굴, 부르르
내 안을 흔들고 져 버린 날도 있었다

처음 연못을 파고 연꽃을 심으며
마음 무덤이라 부른 뜻을 다시 묻는다

나를 연못 속에 잠시 내버려두고
그림자도 함께 묻는다

꺾여도 주저앉아도
두 발은 여전히 땅을 짚고 있으니
거친 밑그림처럼 멎은 나에게
색을 칠할 수 있을까

개구리 소리 푸르게 들려오는 즈음
나는 꿈을 꾸었다

연잎 위 물방울처럼 투명해진 내 그림자
화살처럼 솟아오른 연잎 대를 껴안고
바람 속으로 흔들리고 있었다

파랑 주의보

매화는 피지 않고
목련만 돌아오는 날

나만 아는 울음이
꽃샘바람 속에 내려앉는다

삶이라는 병은 쉽게 낫지 않아 숨이 날카로운 밤
때로는 울음만이
내 몸을 지키는 마지막 방법이자
다정하게 화해하는 길이 된다

대형 마트 앞 사 차선 턱에 몸을 웅크린 채
스스로 터져 나온 울음은
휘몰아치며 사라지지 않았다

구급차가 스쳐 지나도
울음은 어디에도 닿지 않았다

그때 아버지가 떠올랐다
바다의 표정을 먼저 살피고 포구로 걸어가는
바람을 가르는 걸음과
폭풍을 품고 삶을 일군 바다 같은 눈빛

내가 파랑 앞에 서 있었기 때문일 것이다
부끄러움은 먼 이야기였다

겨울 해남 산자락에서 다시
파랑 주의보를 맞이한 일도
오래전 울음에 덮였던 밤이 떠오른 일도
모두 내가 파랑 앞에 서 있기 때문일 것이다

다시 호흡을 고른다
파랑 후 아직 오지 않은 계절,
가장 은밀한 빛을
숨죽여 끌어안는다

귓속에 눈이 내리면

나의 위로는
섬 안에 없었다

어긋난 시간들을 달래며
웅크린 나에게 따뜻한 마음을 내어 주고
숨이 돌아올 틈을 마련해야 했다

엄살 섞인 말들이 부끄럽지 않게
겨울 산자락 아래까지 찾아온
내 뒤를 한 겹 파도가 따라왔을까

고개를 움직일 때마다
귓속에서 물결이 출렁였다
바다를 마주한 밤이 지나도
여전히 스며 있는 소리

귓속에 불안까지 숨어들어
병원을 찾았지만

단 한 올의 머리카락이 고막에 박힌 것뿐이었다
어이없는 웃음이 번졌다

섬을 떠나며
외발로 서 있던 날들을 외면할 수 없었으나
내 뜻대로 할 수 있는 일은
겨우 머리카락을 자르는 것뿐이었다

그때 귓속에 스며든 한 올 머리카락을 빼고
돌아오는 길
귓속이 텅 빈 바다처럼 고요하여
허전한 걸음 위로 눈이 내렸다

눈, 눈은
끝을 묻기 전에
이유를 세우기 전에
조용히 경계를 덮었다

아무렇지도 않은 듯이

다시는 돌아가지 못할 결,
누구에게나 있다네

아무렇지도 않은 듯이
내 마음에 다녀가는 사람이 있어서
까치발로 걷는 저녁이 잦아진다

아무렇지도 않은 듯이
빌려 쓴 팽나무 가지 끝
달의 문장이 은은히 깊어진다

아무렇지도 않은 듯이
살아오면서 숨겨야 할 것들
앞뒤가 없었으므로

아무렇지도 않은 듯이
돌려놓기 어려워서
우는 일은 더 어려워서

아무렇지도 않은 듯이
뒤꿈치 구겨진 어둠
여전히 털어 내지 못한

아무렇지도 않은 듯이
호젓한 그림자 위로 고양이가 지나가고
같이 걸어갈까 말하지 못한 그 어디쯤

아무렇지도 않은 듯이
다시는 돌아가지 못할 결,
누구에게나 있다네

2부
눈물은 언제나 봄보다 먼저 피었다

쑥부쟁이

바다보다 먼저 늙은 해녀의 굽은 등에도

바다로 향한 발길은 묶인 채
물질하는 해녀들을 몰래 바라보는
뇌졸중 어머니 눈빛에도

파도가 숨죽인 틈에
꽃잎이 천천히 열릴 때가 있었다

삶이 저물도록
바다를 놓아주던 그 마음을
혹시 알아챘던 걸까
머리 위로 벌 한 마리 스쳐 갔다

몇 년 전,
홀홀 맨몸으로 꽃자리에 누우신 어머니
귀잠 들어
파도 향 머금은 꽃무늬가 남았을까

일주일째 이어진 불면의 밤
바다 그림자가 드리운 그곳에서
꽃무덤이 조용히 나를 부른다

나를 나이게 하는 곳

아버지 어깨 사이
바다의 뿌리가 있었네
숨결마다 짠내가 스며 있었네

어머니 발 아래
오랜 이어도의 물결
그 너른 품에서 오누이 다섯
푸른 관절 첫 파도 되어 자라났네

한 겹 돌담 안, 바다를 모신 집
돌래떡과 메, 과일과 구운 생선
제물을 요왕신께 바치는 날이면
비념에도 비늘이 돋아났네

된장, 간장, 젓갈, 김치 항아리들처럼
사이좋게 어우러진 이웃의 시간이 쌓여 갈수록
깊은 정이 그윽하게 배어들었네

하루 낮, 나흘 밤만큼 짧고 깊은
바닷속에서 돌아온 해녀들

모닥불 곁 아이들 손에 미역귀를 쥐어 주고
검붉은 불티 흩날리던 날에는
바다 위 고깃배 불빛도 도깨비불 같았지

첫 발자국이 새겨진 그곳
바닷바람과 파도가 지문처럼 새긴 기억들

세월에 밀려가도
깊은 바닷속에 잠겨
여전히 그곳에서 숨 쉬는 듯해

파도들은 아직도
나를 깎고, 쌓고, 빚어 가네
끝없이, 이어지네

어제는 오늘이 되지 않는다

한 사람 속에 또 다른 사람이 있고
그 사람을 불러내는 일은

기억을 하나씩 지우는 의식처럼
스스로 떠나기 위한 몸짓 같았다

뇌출혈 수술 후 잠시 돌아온 당신은
꿈을 현실처럼 붙잡고
현실을 허물어진 꿈처럼 놓았다

꿈속의 내게 누구냐고 묻는 당신과
현실의 당신에게 이름 잃은 내 앞에

밥상 위에 남은 당신의 숨결,
마루 위로 흩어진 햇살,
마당 밖으로 퍼져 나가는 목소리,
모든 날이 겹쳐
한꺼번에 펼쳐졌다

내려진 장막 틈새에
어렴풋이 그림자처럼 서 있는 우리는
서로를 찾았다

스물 중반,
봄빛처럼 서성이던 시절로
돌아가 버린 당신과
아직 그 자리에 닿지 못한
마흔다섯의 딸

그 사이의 시간은 꿰매어도
오늘로 이어지지 않았다

나는 어쩔 수 없이
한창 젊은 봄에 닿아 버린 당신을
바람처럼 놓아 드렸다

그 바람 속에 스며든 눈물은
언제나 봄보다 먼저 피었다

바다라는 질량

작은 목선 한 척
빌레 위로 끌어올려져
무덤이 되었네

거대한 물고기 같은 빈 배,
소금꽃 피우며
삐걱거렸다

바다만 바라보던 아버지
오름 자락 무덤 한 채에 앉아서도

반달이 뜨면
먼 길을 오시겠지

바다 소식을 묻듯
배를 살피는 동안
사소한 일에도 목이 메고
등대 불빛 따라 시선을 돌리시겠지

그날 이후
바다 쪽으로만 내려앉으셨겠지
만조와 영등바람을 기다리며

아니, 내가 섬을 떠나길 기다렸던 걸까
배는 이미 바닷속으로 사라졌네

아버지와 배,
검푸른 어둠 속 파도가 되어 떠났겠지

나는 계절이 바뀌어도 여전히 생선을 굽고,
바다가 밀려오는 소리를 듣겠지

수평선으로 밑줄 그은

바다가 놀자, 라고 부르는 여름이에요

대문 없는 골목 사이, 숨바꼭질하던 아이들이 목줄 풀린 강아지들처럼 백사장으로 달려 나와요 옷을 입은 채 바닷속으로 뛰어들 때마다, 수면 위로 튀어 오르는 숭어처럼 웃음소리가 반짝여요

아주 길게 흐른 여름이에요

바닷가 아이들은 헤엄치는 법을 따로 배우지 않아요 물장구치다 몸이 물 위로 떠오르면 바다의 허리춤을 잡고 개헤엄으로 파랑의 높낮이를 재지요 한두 번 바닥의 깊이가 제 키를 넘어서면, 더 멀리 나아가기는 쉬워요 파도를 쫓아가거나 지느러미를 흔들며 놀려 대는 물고기를 따라가기도 하지요 도리어 파도에 잡히거나 허탕 친 손을 내밀 때마다 뭉게구름이 커져 가요

헤엄치는 것도 심심해진 아이들은 바위틈에서 먹보말을 잡아요 물속에서 숨을 참아 낼 때마다 소금꽃을 피워 내는 현무암 검은 빌레, 내팽개친 슬리퍼들을 떠안

은 채 물먹은 몸으로 파랗게 돌아올 아이들을 기다리고 있지요

자벌레만큼도 나아가지 못한, 열두 살 여름이에요
물속에서 음흉한 남자아이들의 시선과 마주쳤어요 마치 몸이 작살에 겨냥당한 느낌이었죠 투명한 빛이 깨지는 소리를 들은 순간, 바다와 겹겹의 파도 사이에서 출렁이던 내가 멀리 떠나 버렸어요 가릴 수 없는 낮과 들키고 싶지 않은 밤의 차이를 눈치챈 순간이었죠

한 줄 외로움을 버틴 여름이에요
더 이상 파랗지 않은 여름도 멀어졌어요 햇볕에 탔던 피부가 벗겨질 때쯤 비늘을 벗어던지는 꿈을 꾸었어요 그 새벽, 커튼을 걷어 내듯 수평선을 끌어당기며 지나간 배 한 척, 바다의 박동을 들으며 이유 없이 마음이 놓였지요

퇴색된 밑줄에도 불빛이 스며드는 여름이에요

우연히 찾아낸 여름에 기대 마음이 펄떡입니다 바다까지 가지 않아도 모래 위에 또 한 아이가 수평선을 그리는 동안 하늘과 바다 사이, 여름은 끝나지 않아요

흔들리는 끝

불치의 담도암을 앓으며
치매의 숲까지 걸어 들어간 당신
결국 요양 병원 병상에 옮겨진 당신을
나는 그저 바라볼 수밖에 없었다

얼굴은 얼어붙은 연꽃처럼 고요했고
병실 안은 숨조차 멎은 듯 무겁게 내려앉았다
그 변화마저 잠잠히 받아들이던 당신
돌아서는 내 등에서 무엇을 알아챘을까

뒤가 갑자기 소란스러워 돌아본 그 순간,
한쪽 슬리퍼가 벗겨진 채 달려 나온 당신
내 바짓가랑이를 붙잡은 손이 떨리고
노랗게 물든 눈빛이 매달렸다

"나, 제발 버리지 마라."
눈물이 끝없이 심연 속으로 흘러내렸다

"나, 제발 같이 데려가 달라."
허우적대는 몸에서 부딪치는 쇳소리
영혼이 부서지는 듯 아득하게 울렸다

발끝이 공중에 떠 있는 듯
내 뜻과 달리 굳어 버린 몸은
어디에도 닿지 않았다

나는 결국 도망치고 말았다

무력감은 사라지지 않았다
끝없이 흔들렸다
저 아래, 바닥없는 어둠 속에 서 있는 당신처럼

봄을 밀어내며

제 몸을 모두 내어 주는
가난한 제주 섬의 신들처럼

어머니,
힘에 부친다는 말조차 아껴 가며
밭과 바다를 오가며
푸른 영혼을 닮아 가셨다

평생 집을 지키는 등불처럼
곁을 비운 날이 드물었던 당신

끝내 거부하시던 요양원
자식들의 눈물 앞에서는
고집을 접으셨다

그러나 집을 떠나자마자
길 위, 돌아볼 틈 없이 쓰러진 당신
구조대 손길은 닿지 못했고

바람만이 흔들었다

끝내 요양원에 가지 않겠다는
뜻인 듯
아무 말도 없이
떠나신 당신

사람들은
당신의 죽음조차 복받은 삶이라 말할 뿐

아무도 모르게 수북이 쌓인
돌맹이들을 묵묵히 견딘
당신의 날들은 보지 못했다

어머니가 떠나자
집은 빛을 잃었고

이 년째 집으로 걸음을 떼지 못하는 나는

어머니 없는 봄
기다리는 이 없는 봄
오늘도 밀어내고 있다

겨울나무

법당에 혼자 앉아 있었다
스님이 들어와 염불 없이 호통쳤다
"너, 누구냐?"

주위를 둘러봐도 아무도 없었다
고요 속에서 꿇은 무릎이 풀리더니
나는 법당 한가운데서 탑 돌듯 돌기 시작했다

허리가 굽은 채
시든 목련 꽃잎 위를 더듬듯 걸었다

스님의 목소리가 바람처럼 스며들었다
"너, 누구냐?"

오히려 내가 묻고 싶었지만
목소리는 끝내 열리지 않았다

스님이 또 물었다

낯설고 깊은 음성이 흘러나왔다

"쪽 찐 흰머리,
허름한 무명 치마저고리를 입었소."

"왜 여기 왔어?"
거칠게 따지는 스님에게 나도 모르게 대답하고 있었다
"잃어버린 자식을 찾아 헤매고 있소."

스님의 질문이 다시 울릴 때마다
다른 생이 내 몸을 통해 흘러나왔다

갑자기 허공이 갈라지고
주저앉은 등허리에 죽비가 떨어졌다

파문 속,
겨울나무만 고요히 서 있었다

몸에 복사꽃 피던

의심을 거두면 평온한 하루라 했으나
간절한 마음은 꽃으로 이어지지 않는다
나는 또, 어긋난 생각을 품는다

개복숭아나무,
심방이 요령을 내려놓으며
동쪽을 향한 가지를 꺾어 오라 했다
이유는 없다, 묻지도 않았다

꽃은 이미 져 버렸다
어두운 눈으로 들판을 헤매어도
잎이 오른 나무들만
서걱이며 나를 감쌌다

선득한 바람 앞세워 걸은 끝에
내 키만 한 개복숭아나무에 겨우 닿았다

세 개의 가지를 살금살금 꺾었으나

나무는 서쪽으로 휘어졌다

낮은 처마 아래
푸닥거리 굿상 위에 놓인 개복숭아나무 가지

갑작스레 늙은 심방이 휘파람 소리와 함께
그 가지로 내 등짝을 내리치는 순간,

놀라 울음조차 잊고
사정 모를 매가 이어져도
까닭을 알지도 못한 채

눈물 대신 서러운 죄를 생각하고
맞아도 굽히지 않는
내 몸의 빛을 떠올렸다

끝내 소리조차 삼킨 그 자리,
꽃은 다시 피어났다

구석의 시간

카페에 여섯 시간 혼자 앉아
블랙커피를 마십니다
어둠을 넓히는 나의 일입니다

노트에 커피를 쏟으면
얼룩진 생각들이 눅눅하게 번집니다

누군가 혀 차는 소리, 스쳐 갑니다

끼니 걱정 없는 사람은
숨기 좋은 구석의 온기를 모릅니다

뒤틀린 문장 속에서도
시간은 느리게 흐르고
바람은 멈추지 않으며
바깥 은행잎은 아주 느리게 내려앉습니다

놓아 버린 것이 무엇일까요

잃을 것이 없어서
오히려 따뜻합니다

구석의 시간도
창문 틈으로 스며든 빛과
잔잔히 섞입니다

부재

행사장 스크린 속,
눈물이 흘러내릴 때마다
왼쪽 주먹으로 닦았다

'억울해서 흘리는 눈물'이라는
자막이 내 얼굴 위로 내려앉자
사람들은 힐끔거렸다

기억나지 않는 내 눈물보다
덧씌워진 해석이 더 억울했다

밤새 사진첩과 기록을 뒤졌지만
내 얼굴은 어디에도 없었다

존재하지 않는 나와
점점 가까워졌다

그때 불쑥, 격자무늬 햇살이 머리맡으로 들어왔다

따뜻한 빛 속에 먼지가 흔들리며 부유했다

문득 한 사람도 떠올랐다

소주잔 앞에서
한 선배가 나 때문에 억울하다며
눈물을 글썽였다는 어느 저녁,
그 선배의 잘못을 꺼내기도 전 그 눈물에 약해져
그저 술잔을 채워 주며
"그래, 그래." 달래 주었다는 그 한 사람

그 한 사람이 내 곁에는 없던 그때처럼
나와 눈물은
햇살 속 빈칸으로 남아

여전히
그 한 사람의 빈자리가 흔들렸다

질문

낡은 낙엽 틈에 물집이 잡혀 있는 동안
사흘 구름, 사흘 햇살, 사흘 비가
차례로 내 안으로 스며들었다

단절을 천천히 떼어 낸 여백은
아무리 붉게 물들여도 뜨거워지지 않았다

일요일 아침, 사방 환한 카페 둥근 테이블 위
타로를 펼친 소녀에게 묻고 싶었다

꽃 무더기, 거품처럼 사라졌는데도
그리움이 찾아오는 날은
언제 사라질까

굳어진 눈물에 젖은 상처는
언젠가 가려워질까

차라리 더 늦기 전에

유리잔에 별무늬 담아 놓은 어린 점성술사에게
물병자리의 세 번째 별빛을 건네며
모든 행운과 불운을 뒤섞어 달라
부탁하고 싶었다

어깨 위 묵은 통증이
궤도를 바꾸는 날이었다

다가올 계절에도 세상은 여전히 무사할까
숨 한 줌 제대로 고르며 살아갈 수 있을까

걸음과 그림자

#걸음이 쏟아진다면

섬의 여자들은
나이가 들수록 걸음과 표정이 서로 닮아 간다

겨우 마주 오던 할머니가
어머니 같아 어리둥절한 사이,
발밑이 허물어진 듯 할머니 몸이 다급하게 땅으로 끌렸다

쓰러져도 굽은 등은 펴지지 않았다

"어머니, 빨리 일어납서."
옆에서 성글게 걸어오던 남자의
툭 던지는 목소리,
걱정보다 먼저 부딪쳤다

차가운 흰머리의 아들이

엉거주춤 일으켜 앉혔으나
균형은 잡히지 않았다

"나, 더 못 걸으켜."
이빨 빠진 말이 앙상한 몸에
축축하게 달라붙었다

삭정이 같은 다리로 움켜쥐던 길을
놓아 버리는 오후

아들은 무표정했고
햇볕이 이지러졌다

사라봉 절벽 흰 등대도
눈을 감고 있었다

괜히 어깨의 가방이 무거워진 나도
슬그머니 자리를 떴다

택시는 세워지지 않았고
아들은 가끔 하늘을 올려다보았다

입이 바짝 마른 길바닥에
주저앉은 할머니는
그림자처럼 낮았다

#제자리에 없다면

"나, 더 못 걸으켜."
그 목소리는 오래전 내 어머니와 겹쳤다

뇌졸중으로 반쪽을 잃은 어머니는
걸음 연습을 독촉할 때마다
같은 말을 되풀이하며 눈물지었다

지팡이에 의지해 겨우 일어서도
발은 땅에 닿지 못했고
끝내 엉덩이로 밀고 나가야 했던 날들

아무리 보고 싶어도 뵐 수 없던 어머니,
섬을 떠나는 내 앞에
걸음한 이유를 묻고자 뒤돌아보았으나
마지막 걸음을 떼어야 오를 수 있는
하늘은 새조차 날지 않았다

오르막에
서로 업을 수도 업혀 갈 수도 없는 그림자만
멈춰 있을 뿐이었다

#**행방을 모른다면**

막다른 길에 비까지 내렸다

발자국 속으로 미끄러질 때
물비린내가 올라올 때
시큰거리는 돌멩이에 발이 닿을 때
고집이 무너질 때
섬의 흉터를 어루만지는 바람을 느낄 때

발밑의 흔적들이
말없이 나를 붙잡았다

그럴 때마다
"못 걸으켜."
고통스러운 걸음이 떠올랐다

나의 가장 먼 걸음인 땅끝에서
아파서야 보이는 빛처럼
눈 위 흔적에
마음이 놓이기도 했다

슬퍼 보이는 발자국은
슬쩍 주워 양지로 옮겨 주고 싶다가도,
사라질 때까지 기다리며
새 울음을 듣곤 했다

어느 날, 푸른 보리밭이 바다를 부르고 있었다
바다의 오래된 발자국
섬을 부르고 있었다

나의 걸음 또한 머지않아
그 발자국을 따라나설 것이다

3부
혹시, 굴러가면 너에게 닿을 수 있을까

비탈

노크 없는 밤
사무실 구석에 혼자 앉아
노트북만 바라보다 고개를 들자
책꽂이 앞, 그녀도 노트북을 펴 놓고 앉아 있다

중얼거림과 처진 어깨가
서로의 피로를 비추었다

갑자기 창문에 빗방울이 톡톡,
밤을 따라 길게 흘렀다
집으로 가는 길은 멀어졌다

사람에 대한 믿음은 이미 꺼지고
책을 펼쳐도 호기심은 삼켜졌다

감정만 제각기 다른 속도로 몰려왔다
화는 즉각적이었고
솔직히 대답하지 못한 말들은

머릿속을 맴돌다 길을 잃었다

기대는 어깨 위에서 무너지고
걱정은 바람처럼 졸음을 어지럽혔다

슬그머니 비는 그치고
눈이 흐려진 사이 달이 떠올랐다
아무도 알지 못한 밤이 지나갔다

새벽빛이 희미하게 번졌지만
집으로 향하는 길은 여전히 어둠 속이다
잠이 돌처럼 내려앉는다

혹시, 굴러가면 너에게 닿을 수 있을까

거절의 방식

구석이 깨어날 때마다
꼭지 떨어진 계절이 떠나려 할 때마다

바닥에 대한 예의처럼
색깔별로, 계절별로 사들였으나
한 번도 발끝에 닿지 못한 신발들

한쪽 벽을 의지한 채
칸칸이 틀어박혀
철철이 쌓여 있다

발붙이고 살고 싶은 네게 닿는 길
호기롭게 나서지 못한 그 길도
아예 태어나지 못한 길도
반듯한 상자 속에 고이 접혀 있다

올봄에는 기어이 나서리라
휘파람 불며 들판을 가르고

말 잔등에 올라타 물줄기도 건너리라

발에 가장 편안한 신발을 또 고른 날
들썩이던 길이 계단에서 덜컥,
턱에 걸려 꺾여 버렸다

함께 바닥에 나뒹구는 신발을 돌아보는 사이
길은 앞질러 꽁무니를 빼 버렸다

기우뚱,
비틀린 발목만 덩그러니 남았다

수평선 위의 사월

사글사글 다 받아 줄 듯
사월은 벚꽃을 물결처럼 피워 내고 있었다

너도 나도 지친 마음 한편을
그 바람에 맡기던 날

끝은 꽃잎처럼 가벼웠으나
뒤돌아보지 않으려
흔들리는 눈빛을 눌러 담고 있었다

모든 끝에는 저마다의 제자리가 있어
휘청이는 마음 위에 돌 하나를 얹어
중심을 맞추는 동안

하늘은 붉게 사위고
그 빛은 수면 위에서 흔들렸다

마른 꽃 앞에서도

설레던 한때의 눈빛마저
물결 속으로 가라앉을 즈음

차라리 다행이라 속삭이며
사월은 수평선 너머로 사라졌다

기억과 현실 사이
숨을 고른 바람처럼

울었던 자리마다 돌을 쌓으며

사람 속에서 별 볼 일이 없어진 날 이후
하늘만 자주 올려다본다

관세음보살을 읊조리면서도
아래를 외면하는 눈빛,
허풍과 오만으로 불룩해진 어깨와 배,
초 치고 돌아서는 인정머리 없는 등이 있다

허장성세로 빠져나갈 구멍을 만들고
뜨뜻미지근할 때만 열리는 입,
남의 짐과 사람값을 가볍게 비웃는 표정이 있다

주저앉은 무기력 속
'사람은 고쳐 쓰지 못한다'는 충고와
울분에도 찢기지 않는 껍질,
흔들리는 이빨이 있다

먹구름만 늘어나는 이유,

나 자신을 아직 놓지 못해서다

깨진 파편 위에 눈을 감으면
어제의 그림자가 짓이겨진다

그럼에도 밝아질 눈이 있고
끊어진 기대 위에도
고요히 내리는 눈이 있다

가난에도 절하고
돌멩이에도 절하며
내려놓지 못하는 날들이 있다

일어서는 게 시작은 아니지만
울었던 자리마다 돌을 쌓으며
바람 속에 몸을 던져도
그림자는 따라온다

그래도,
남아 있는 것들이 있다

드르쌍 내불라

하다못해 까치 떼가 몰려와 땍땍거려도
혀끝부터 달싹이는, 오지랖이라는 나는

오늘도 생색과 연대 의식을 떠벌이는 말들이
바람에 실려 올 때
차라리 귀를 닫고 밀어냈어야 했다

울퉁한 생각이 발부리를 툭툭 차고 있을 때
누군가 또 돌멩이처럼 던졌다
"드르쌍 내불라."

상한 말과 고인 잘못에도 아예 관심 말라는,
국이 끓든 밥이 끓든 나를 접어 버리라는 차가운 충고
"드르쌍 내불라."
그 한마디가 늘 나를 헷갈리게 한다

조근조근 돌려 말하지 못하지만 나는,
기대는 높이가 아니라 관심의 영역이라는 것을 알기에

"드르쌍 내불라."
그 속 편한 방법은 통하지 않았다

기어이 입을 열어 다다닥거려도
징징대는 소리일 뿐
징 소리로는 울리지 않았다

체념에 밟히고 나서야
닿을 수 없는 남의 일을
내 안으로 끌어들이는
습관이 문제였음을 깨달았다

그런데도 어쩌랴
내 오지랖은 여전히,
관심과 외면의 경계 사이를 헤맨다

허공에 떠도는 말들이거나
메아리에 숨은 진실이거나

나는 언제쯤 무심하게
스스로 돌아설 수 있을까

"드르쌍 내불라."
내 안에서도 울려 퍼질까

말조심하시길 바랍니다

"우리는 승리하는 방향으로 가고 있습니다. 절망하지 마십시오."
그 말 앞에서 우리는
전장에서 겨우 기어 나온 부상병 같았다
숨이 막혔다

승리… 절망…
익숙했던 단어들이 낯설었다
어둠 속 라이터를 튕겨도
불꽃은 깨어나지 않았다

"사안을 어떻게 판단하시는지…"
소금 한 줌 뿌리듯 반발이 튀었다

곧바로 채찍 같은 말이 내리쳤다
"말조심하시길 바랍니다."

순식간에 말이 사이를 삼키고

머리 위 하늘엔 입구도 출구도 없었다
착각과 오만으로 엉긴 그림자만
휘청이며 춤을 췄다

함께 마주한 말도
사람 따라 반쪽으로 부풀거나
아집 속에 잠겨 버린,
씁쓸하고 이치를 갉아먹은 승리

"말조심…"
깊이 박힌 말만 밤을 삼키고
입을 조였다

눈길조차 바람에 흩어진 후
침묵이 서로를 무시했다

말조심으로 남은 것은
텅 빈 껍데기 하나

나이와 마주하여

염두에 없던 나이였다
하늘과 바다의 숨구멍인
별이나 고래를 키워 내겠다는 꿈,
처음부터 내 것이 아니었다

하루하루가 고만고만하여
수사도 장식도 붙지 않았다
내일을 헤아리지 않은 채
익숙한 길만 걸었다

스스로 낮았던 만큼
세상도 낮았다

가끔 원인과 결과가 뒤섞이는 순간
오히려 감사했다

겨우 이제 사람을 배웠지만
한 사람의 끝까지는 알 수 없었다

꽃댕강나무 잔잔한 종소리
흩날리며 오래 머물지 않은 것처럼

친하게 다가앉은 저녁을
태워 버린 밤처럼

내 편이라 믿을 손도 없었다

융통성 없이 오도 가도 못하는 나를 지나
사람들은 햇살 속으로
점점 스며들고 있었다

뒤늦게 알았다 답답했던 이유,
수챗구멍을 틀어막고 앉아 있던 이는
다름 아닌 나였다

나이가 든다는 것은 자리를 비워 주는 것

비록 뒤처진 웅달일지라도
바람이 흐르도록 내어 주는 일

해와 달이 스쳐 간 자리에
여태 남아 기다리는 나에게
새 이름이라도 지어 주고 싶다

고집으로 길들여진 미간의 주름 위에
슬몃 음표 하나 얹어

꽃이 피었을 때가 아니라
마른 꽃잎 매단 채
눈 맞는 어깨를
살짝 털어 주며 가는

그런 노래 같은 이름
지어 주고 싶다

그 이름을 안고
비워지도록
나 또한 조금씩
다시 쓰일 수 있도록

그믐을 견디는 일

봄 한철, 다시 어지러웠다
뿌리내리지 못한 나는
화분들을 하나둘 늘려 갔다
베란다에도, 사무실 창가에도
관엽 식물과 양치식물은 조용히 새잎을 틔웠다

선인장을 좋아하는 나는
사막까지 키웠는지
걸어오는 이는 없었다
시절인연,
혼자 되뇌는 사람만 있을 뿐

한 사람을 잊기 위해
낮과 밤이 뒤엉켰던 그녀,
그날들을 의지하려던 새끼 고양이는
울음이 여물기도 전에 사라졌다

창가에 앉아 고양이처럼 울던 그녀도

섬 밖으로 사라졌다

문득, 그녀가 떠올라
삽목했던 천리향을 살리지 못한 빈 화분에
사철나무 줄기를 새로 심는다

흙을 덮으며
그믐의 시간까지 담는다

조심스레 키워 올릴 다짐 같은
속으로 스며드는 손길 같은

뿌리는 그믐을 견디며
조금씩 빛을 틔울 것이다

새벽

오가는 길, 나는 늘 혼자였다
어제 아침은 오늘 밤까지 이어졌지만
입술 위에는 하품조차 머물지 않았다

내 꼬리를 쫓는 생각처럼
같은 자리만 빙빙 돌았다

머리는 어지럽고 발밑은 흔들리며
숨은 달아나려는 듯 점점 빨라졌다

알은체하던 이름들은
그 누구도 머무르지 않았다

곁눈질 없이 살아왔지만
십 년의 정도 끝내 곁을 지켜 주지 않았다

몸이 흔들릴 때야
비로소 마음이 스스로를 비우려 한다는 걸 알았다

살아 내라고,
몸이 나를 깨운 것이었다

요일 이후

말뚝에 묶인 하루는 느리게 돌며
나를 무게 속에 가두었다

중심은 흩어지고
내 자리는 풀밭 끝처럼 멀었다
나를 모두 쓰고서야 겨우 줄이 풀렸다

그 흔적은 가끔 그늘을 품었지만
백수가 되어 오름을 타고
바닷가를 거닐다 보면
숨 쉴 길이 열린다

사람들의 그림자에 섞이지 않아도
이름이 희미해져도 편안하다

나무 아래 서면
새들과 햇살이 내게 모이고
잎맥처럼 뻗은 오솔길이 나를 맞이한다

느릿느릿 걷다 보면
몸과 마음 사이 열린 틈으로
말과 생각이 돋아나고
바위의 그림자 속에서도
눈이 천천히 깨어난다

바람도 누그러져
등을 쓰다듬으면

꽃이 아니어도
모든 생은
제자리에서 피어난다

뒤가 생기는 자리

관심을 간섭으로 듣는 당신
쳐 놓은 금을 건드릴 때마다
숨이 막혔어

궁금함에 중얼거리는 소리조차
견디기 힘들었지

가만히 두려는 습관은
녹슨 못처럼 박혀
서서히 벽을 쌓아 올렸어

간섭을 애정으로 받아들이는 당신
틀어진 시간은 어쩔 수 없이 입을 다물었지만
심기를 살피며
꽃을 피우려
가끔 거짓말도 했지

참아 내려는 힘과

차라리 속 편히 하라는 속삭임은
같은 숨결 속에서도 서로 섞이지 않았어
두 가지 색이 뚜렷하게 번지는 그림처럼

서로 스쳐 갈 뿐
머물지 않았어 침묵만이 맴돌았지
마치 오래된 시계의 초침이
비껴가는 것처럼

결국, 성격 차이라는 익숙한 이름으로
서로를 놓쳐 버렸어

산책하는 사이

저수지를 향해 걷던 초행길
모퉁이 집 앞에서 만난 개 한 마리
"함께 갈래?"라는 말을 눈빛으로 받아
내 곁으로 다가왔다

내 걸음이 불안한지
자동차가 다가오자
길 가운데로 나서 막아섰다
내가 옆으로 비켜서서야
제 새끼를 살피듯 돌아보고
슬그머니 물러섰다

그날 이후
멀리서 불러도 달려오는 진순이

매화 향과 개나리 빛이 번질 때에도
물새들이 발끝을 스치며 물결을 건너갈 때에도

앞장서 산책 길을 열고
내가 풍경에 머무르는 동안
다시 돌아와 기다리는 눈빛은
말보다 깊고 고요하다

함께는
거리를 지우는 것이 아니라
그 거리를 품고
서로를 지켜보는 일

진순이는 오늘도
말없이 함께 걷고 있다

배고파지는 지점

숱한 날이 답답했느냐
꽃 피는 소식에도
걱정부터 앞섰느냐

벼랑 끝에서 버티던 나를 바라보다
하늘과 바다를 가리키며
"다 가져." 선물이라고 내민 너

그 넓고 깊은 뜻까지
모두 건네주었지

그렇게 푸른빛을 고스란히 나에게 남겨 두고
쉰다섯 어느 빗물 젖은 오후
너는 소식도 없이 눈을 감았지

명랑한 빛 그대로 남은 기억은
배고픈 허기 같아

그날 돌려주지 못한 웃음을
바다와 하늘 사이에 묻는다

그 자리 그대로
사라지지 않게

4부
보이지 않는 소리에 기대어

자화상

십 년의 질문이
목에 걸려 숨이 막힐 때
떨리는 발끝으로 짐 가방을 끌고
하나씩 내 흔적을 지우며
바다 위로 향했다

멀리서 등대만 지켜보는 섬을 떠나
지명만 아는 낯선 곳으로

바다는 검게 잠기고
섬은 멀어졌지만
긴 그림자는 여전히 파도를 따라 흘렀다

입 밖으로 나간 말들이
속삭이듯 돌아와 귀를 스쳤지만
섬을 놓아 버린 뒤
말들은 어둠 속으로 삼켜졌다

파문은 잦아들고
바다는 숨을 멈춘 듯 고요해졌다

나는 깊은 잠 속으로
천천히 가라앉았다

2월

거짓말을 하지 못해
눈 속에 녹아 버린 흰빛이 당신 같아서
버스를 타고 쫓아갔다

메마른 논 그루터기를 맴돌고
집 몇 채 붙든 산자락을 스치며
바람마저 비어 있는 정류장을 지나
오리 떼가 흩어지는 저수지를 따라 흘렀다

저물어 갈 무렵
나에게 맞는 문장을 찾지 못해
골목에서 짖어 대는 개들과
당신에게 어울리는 구절도 떠오르지 않아
아직 피지 못한 목련 봉오리들

좋은 기억과 나쁜 기억이 섞이지 않아
몰아치는 꽃샘추위 속

얼어붙은 배추밭에서 날아오르는 새 한 마리와
둥글게 움츠린 고양이

당신이 없는 쪽으로 몸을 기울였다

바다, 바보

땅끝에서 물이 들기 시작하고
노을빛이 바다를 건너올 동안
소나무 그늘에 앉아 있었다

오간 발자국 없는 모래 해변
허술한 말뚝에 묶인 배 몇 척
떠날 곳 없이 묵묵히 기다리고 있었다

물살이 멈춘 나를 바라보며
바람을 기다리던 당신

모래 위에 내 이름,
그 옆에 바보라 남기고
발끝이 젖었다

겨울이었다
무심코 손을 잡으면
지워지지 않을 것 같아

눈치 없이 돌아서면
물결 속으로 스며들 것 같아

바람은 파도를 삼키며 비릿해졌다
바다는 무겁게 기울어
사선으로 누웠다

누군가를 받아들이는 일은
결국 비우는 일

바다는 나를 내어 주고
노을은
당신을 감싸안았다

휴지기

스스로 갇힌 나를 풀고
어제의 일을 지워 버리고 싶었어

평소에 가깝다는 건 곧 궁금하다는 뜻이고
궁금하지 않은 사람은 남일 뿐이라고 말하던
내 입부터 닫고 싶었어
말라 가듯 침묵하고 싶었어

나머지 생의 첫 장은
낯선 마을의 겨울이어야 펼 수 있을 것 같았지만
봄이 너무 빨리 나를 찾아오고 있었어

마당 안팎에서 봄꽃이 피어나고
새소리가 나무들의 새순을 흔들었어
해 질 무렵에는 까치와 나비가 앉았던 마당으로
개구리까지 뛰어들었지

여러 갈래로 다가오는 봄날

다시 고립의 섬으로 돌아갈 용기를 내지 못한 나는
초조하기만 했어

그믐밤, 까만 개 한 마리가 찾아온 것은 그때였어
버린 눈빛 이름 없는 그 녀석은
나처럼 일부러 외딴 곳으로 들어온 듯했지

짖지도 않고 낯가림도 없는 그 개가
내 그림자를 따라다니자
나의 태도는 이상하게 순해지고 있었어

우리 둘이 이곳으로 흘러온 이유가
어쩌면 닮았기 때문일지도 몰라

아무 말 없이 서로를 붙든
낯선 존재들
겨울과 봄 사이의 그 짧은 시간은
깊은 숨 고르기였어

아침의 자세 1
— 몸을 열며

하루를 맞는 일은
몸부터 여는 일

오므렸다 폈다,
손가락과 무릎 사이사이 어스름을 창틈으로 흘려보
낸다
서로 바꿔 가며 새를 찾는 소리가 들린다

오늘을 당기고 밀며
발목에 엉겨 있던 걸음을 놓아준다
먼 데서 나무 빗장이 삐걱이며 열린다

허리를 부드럽게 안에서 바깥으로
등마루에 걸린 그림자 사이로
붉은빛이 서서히 스며 나온다

물이 끓는다

아침도 나이를 먹는다
살아가는 일이다

아침의 자세 2
— 빈손

아침마다 기다릴 사람도 없이
툇마루에 앉았다

안개 드리운 첫 아침
적막마저 천천히 내려앉았다

이튿날, 외풍을 견디지 못한 기침이 터지자
바람 없이 눈이 내렸다

꿈조차 찾아오지 않은 다음 날 아침에는
툇마루에 고양이가 앉아 있었다
몽환처럼 햇살 속에서 나를 기다리고 있었다

손을 내밀자
고양이는 부정이라도 피하듯
순식간에 사라져 버렸다

남겨진 흰 수염 같은 햇살을 움켜쥐려다

문득 알았다

외로워, 마주 잡지 못한 손
나에게도 있었다

아침의 자세 3
— 눈사람

사는 게 무어냐 묻고 싶은 날
가만가만 눈이 내린다

참 착하게 서 있는 나무들,
기와지붕과 마당
그 너머 길들까지
흰 숨 다정하게 세상을 잇는다

함박눈이 내리는 밤을 좋아했던
네가 문득 찾아올 것 같다

발 없는 시간에

잘못 살지는 않았지만
차가운 세상에 움츠린 어깨
그냥 안아 주어도 좋겠다

침묵에 익숙해도 외로운 사람

잠시 덜 쓸쓸하게
속삭여 주어도 좋겠다

방 안에서 바라보는 풍경처럼
따뜻한 신발 한 켤레
신겨 보내 주어도 좋겠다

발 없는 시간에

아침의 자세 4
— 겨울 햇살

거리에 놓인 빈 의자를 바라봅니다
돌아오지 않은 마음 때문에
나는 그 자리에 앉지 못합니다

동동거리던 바람에
십 년 동안 겨우 몇 번 만난,
이름이 같은 그녀가 떠올랐습니다
아직도 잊지 않은 사람이 있다는 듯이

오랜 시간 얼굴을 보지 않아도
휴대폰 너머의 위로와 걱정이
겨울 햇살처럼 은근히 닿습니다

아이들을 만나러 학교 가던 여자와
잃어버린 물빛을 찾아 헤매던 여자

마치 약속이라도 한 듯
한 여자는 지장보살께,

다른 여자는 관세음보살께 마음을 올렸다는 아침

곁은 거리가 아니건만
남쪽을 향한 마음은
아직 사람을 품지 못해
내게 닿지 않습니다

아침의 자세 5
— 새와 카톡

새와 나무, 사람도 소리로 어우러지는 아침
햇살이 빈 노트를 바라보고 있을 때
틈을 엿보던 새 한 마리

마당 풀 속을 콕콕 쪼다가 멈추고
옆으로 톡톡 뛰어가며
콕콕

나도 새를 따라 쪼그려 앉아
볼펜 끝으로 백지를 찍는다
가운데에서 가장자리로 옮기며
콕, 콕
빵 부스러기까지 흘려 가며

겨울 동안 비어 있던 노트 위에는
시 한 줄도 나오지 않고
새 발자국 같은 점만 흩어졌다

햇볕 속에 이불을 털어 내듯
노트를 흔들어 비워 내고

새 숨결 깃든 봄까치꽃 앞에
다시 개구리 자세로 앉아 있어도
몸을 낮춘 울림은 스며 나오지 않는다

보랏빛 안부도
새가 전하는 풍경도
손끝에서만 느껴진다

톡톡
카톡, 카톡,

반복되는 소리 안에
나는 갇혔다

아침의 자세 6
— 나비처럼 날아간 말

흰배지빠귀가
댓돌 위를 살금살금 거닐다 간 아침

산자락 진달래꽃에 스며드는 햇살 따라
나도 서서히 투명해졌지요

보리밭 사이 희끗한 두 할머니가
지팡이 끝으로 나를 가리켰어요

마치 주문처럼
이제는 내 차례라는 듯이
나를 묻는 듯이

그 순간,
사는 날들이 왜 추운지 묻던 내게
"겨울인데 따뜻하길 바라냐"고 반문하던
당신이 떠올랐지요

당신 말이 맞아요
때가 있다는 말

그때가 나를 땅끝으로 옮겨 놓았을까요

마음도 내어 주어야 알 수 있듯
끝에 서서 이유를 깨닫습니다

다행히 넉 달 동안
오래 담아 두었던 바람을 풀어놓은 뒤였지요

겨울이 지나간 나를 바로 세우고
가슴을 활짝 펴 보았어요

자동차 바퀴가 지나가도
민들레꽃 위로 터져 나온
'아, 좋다'라는 말
나비처럼 가볍게 날아갔어요

아침의 자세 7
— 일출

서천꽃밭,
삼승할망이 붉은 꽃 한 송이 점지하셨나

세상 가장 낮은 곳,
돌밭에 누워 계셨던 어머니

비단 홑단치마에
꽃잎 한 장, 한 장 얹으시며
꿈처럼 앉으셨네

아침의 자세 8
— 안쪽

건물 위에서 폭발이 울려 터지고
검붉은 연기가 하늘을 집어삼켰다

허물어진 사람들이 기어 나와
내 발목을 붙드는
연 사흘의 흉몽

나는 서쪽으로 소주 한 잔을 뿌렸다
마당 너머 숲은 안개 속에 숨죽이고 있다

손을 내밀어도 잡히지 않는,
이미 생겨 버린 미움처럼

사이는 서로의 바깥이어서
안쪽은 생겨나지 않았다

나는 목소리를 바꾸고 기다렸다

드디어 숲 저편
새들이 서로를 부르는 소리가 점점 커지자
숲이 서서히 열리기 시작했다

숨기려 해도,
둘레가 무너지고 있었다

아침의 자세 9
― 회복기

바깥으로 걸음을 내디디면
매 허방이라
세상은 내 안에서 숨을 점차 잃었다

내 신호를 받는 이는 없었다
차가운 사람들 틈,
빛조차 닿지 않았다

그래도 나는 나였다
뒤늦게 모든 잘못이 내 몫인 듯
무릎을 꿇었다
뿌리에도 한기가 새어 나오는 계절이었다

시간을 되돌리려
나이테를 거슬러 창살문 안으로 들었다

앓는 노란 해를 삼키고
그리운 잠을 애인처럼 불렀다

이름 모를 그림자 떼에 쫓겨
풀숲 속으로 몸을 숨겼다

숨는 것과 숨기는 것
모두 눈을 감아야 가능한 일

순식간에 키보다 커 버린 풀들이 날 삼킬 듯 휘몰아치고
그 순간 보이지 않던 손이 느닷없이 내 손목을 잡았다

겁먹은 눈을 겨우 뜨니
직박구리만 우짖고 있었다

어리석은 나를 구한
보이지 않는 소리에 기대어

내 안에 번지는 기척을 따라
나를 다시 켰다

아침의 자세 10
— 여백의 시

까치 한 마리 날아와
풀 죽은 나를 살피고 간 뒤
한지에 스민 햇살이 길어지네

불쑥 건너뛴 문장처럼
예고 없이 봄이 와
밑줄 위에 싹이 돋네

오래 참던 동백꽃이 열리고
매화가 숨을 내쉬네

무리 속으로 돌아갈 때를 알리며
봄까치꽃도 피어나네

나도 나를 밀어내며
아지랑이 피어 올리네

누구 앞에서도 색을 잃지 않고

뒤돌아선 말도
그대로 놓아주는 꽃처럼

갈라진 틈 속에서도
길을 내는 꽃처럼

등을 낮추어
섬으로 돌아가리라

그 약한 다짐을 아는 듯
춘분 볕을 거두어 가는 눈발

그래도 눈 위를 딛고 지나간
강아지 발자국마다 피어난 흰 꽃송이들

아직 다 털지 못한
내 겨울의 무게를
들어 올리네

아침의 자세 11
― 열리는 봄

밤이 지날 때마다 검은 안료로
후회를 하나씩 지워 가며

영수증처럼 구겨진 어제도
종이비행기처럼 바람 속에 날렸지요

어쩌면 스쳐 간
누군가가
후, 불어 냈을지도 몰라요

집 없이 떠돌던 시간,
혼자여서 오히려 살 만했어요

떨림 없이, 속박 없이
그저 조용히 흘렀어요

이제 봄이 오네요
발길 없던 산자락 아래 덤불숲에도

새들이 나뭇가지를 옮겨 앉을 때마다
지난 계절의 흔적은
뒷말처럼 흩어지고
젖니들이 다시 돋아나고 있어요

햇살 가득한 날,
궁금해서 전화를 걸었다고 말한다면
속내를 숨기지 못하는 엽서처럼
잊히고 싶지 않다는 비의도
전해지겠지요

누구나 다시 돌아올 수 있는,
끝에서 처음이 열리는 봄이잖아요

발문

울면서 쌓은 돌,
바람을 이기는 단단한 시가 되고

문경수(시인)

1

홍경희 시인은 저와 동향同鄕입니다. 단지 같은 제주도 출신이 아녜요. 좁디좁은 섬이라지만 우리는 제주에서도 같은 '한림읍'에서 태어났어요. 저는 한림, 시인은 귀덕. 저희 집에서 차를 타고 10분이면 시인의 동네에 갈 수 있어요. 생각보다 가깝지요. 물리적 거리만 가깝지는 않아요. 시인의 시에 나타난 공간도 친숙하고 반가워요. 시인의 시 「귀덕歸德」(홍경희, 『봄날이 어랑어랑 오기는 하나요』, 걷는사람, 2020)을 읽으면 알 수 있어요. 백파가 흩어지는 바다, 해풍을 견뎌 내는 팽나무, 힘없이 내려앉은 잣담 같은 게 머릿속에 그려집니다. 저도 바닷가 동네에 나고 자라면서 유년 시절부터 숱하게 봐 왔던 것들이거든요. 지금도 귀덕에 가면 군데군데 이런 곳을 볼 수 있답니다. 하지만 반가운 마음이 드는 것도 잠시, 시인의 시에서 서러움과 북받침 같은 걸 느낍니다. 부끄럽게도 저는 시인만큼 고향이 주는 정취에 대해 이토록 집요하게 매달려 본 적이 없습니다. 어째서 시인의 "귀덕"은 "가만히 떠올리기만 해도/나지막한 슬픔이 되는 이름"이고, "가만히 입술 위로 옮기기만 해도/견딜 수 없는 반성이" 되는 걸까요. 그리고 어쩌다 홍경희라고 하는 사람은 이번 시집에 이르러 쉰네 편의 "돌탑"을 쌓게 되었을까요. 시집을 찬찬히 들여다보며 곰곰이 시인의 마음을 가늠해 보았어요.

2

이번 시집을 읽으면서 제가 느낀 시인 홍경희의 모습은 '쓰는 사람'이 아니라 '쌓는 사람' 같았어요. 무거운 돌을 이고 묵묵히 걷는 수행자가 떠오르기도 합니다. 몸으로 시를 밀고 나가는, 고통을 감내하면서 그예 써내고야 마는 의지가 시집 곳곳에 나타나 있어요. 감히 말씀드리자면, 평소 홍경희 시인의 깊고 과묵한 성정이 시에 나타났다고 조심스레 말하고 싶습니다. "말을 줄이는 방식이/어렵다는 것을 다시 깨"(「시인의 말」, 『봄날이 어랑어랑 오기는 하나하나요』, 걷는사람, 2020)달았다는 시인의 말과 쌓아 올리는 고심이 이번 시집에도 여실히 묻어 있어요.

돌 하나 들어 올려
귀를 씻고

입을 닦아
말의 무게를 고요히 다져

사람과 부처 사이에
올려 두네

사람 속에도 돌이 있어
거칠고 차가워도
서로 받쳐 주면
모난 틈에도 빛이 스며드네

돌 속에도 부처가 있다 하나
층층 돌탑이 쌓이고 늘어 갈수록
사람들을 닮아 가네

사는 일,
이미 수행이었네
두 손 모아
결국 사람을 받드는 일이었네

—「돌탑」 전문

홍경희 시인께 허락을 받지는 못했지만, 「돌탑」을 이

시집의 선언문으로 여기기로 했어요. 「돌탑」의 "말의 무게"를 다진다는 표현에서 알 수 있듯 시가 다른 문학 장르에 비해 짧다고 해서 그 무게가 결코 가볍다고 할 수는 없습니다. '사람 속에 있는 돌', 그것이 곧 시를 떠받치고 있는 주춧돌이에요. 그에게는 시가 무거운 감정을 표현하는 내면의 고백인 셈이지요. 이 울퉁불퉁한 돌을 마음속에서 꺼내어 쌓아 올리는 건 보통 일이 아닙니다. "말의 무게를 고요히 다"지는 일을 소홀히 한다면 이내 돌탑은 무너집니다. 그만큼 섬세함이 필요한 일입니다. 그렇다고 해서 시인의 「돌탑」을 아름답게 보이려고 만든 화려한 장식품으로 봐서는 곤란합니다. 주지하듯 시는 단순히 아름다운 말을 치장한 말의 상찬이 아닙니다. 「돌탑」의 개개의 돌은 인간으로 치자면 부족함이 많고 서툴고 못난, 불완전한 존재예요. 그의 돌탑은 "거칠고 차가워도/서로 받쳐 주"는, 있는 그대로의 돌들로 쌓은 고행의 성과물입니다. 불완전한 존재의 총합이 결국은 사람을 닮아 간다는 깨달음은 '쓰기'보다 '쌓기'에서 얻은 값진 결실로 읽을 수 있습니다. 정성을 담아 성실하게 쌓지 않으면 얻을 수 없는 것이죠. 시인의 시도 그렇게 쌓아 올린 탑에 빗댈 수 있지 않을까요.

3

그저 오르고 또 오를 뿐
곶자왈 숲을 지나 오름 정상에 다다라
억새밭 속, 우두커니 서 있었다

바람이 억새를 흔들고 지나가자
비로소 주먹을 풀었다

(…)

기도는 하지 않고
울음이 따라붙은 말만 믿기로 했다
— 「뼈 속의 울음」 부분

    그의 시 쓰기는 울음에 닿는 언어를 찾을 때까지 걷는 행위이기도 합니다. 마음속엔 돌뿐만 아니라 "뼈"도 있습니다. 날카롭고 무거운 마음의 뼈 같은 돌을 안고 "그저 오르고 또 오"르는 일이란 고행 중의 고행이 아닐 수 없습니다. 시인은 이 힘든 일을 꿋꿋하게 해 나갑니다. 끝내 오름 정상에 다다라서도 울음에 닿는 언어를 찾지는 못합니다. 그것은 시인의 한계가 아닌 언어가 가진 한계입니다. "기도는 하지 않고/울음이 따라붙은 말만 믿기로" 하며 걸을 뿐입니다. 홍경희 시인은 "울음은 어디에도 닿지 않았다"(「파랑 주의보」)고, "나의 위로는/섬 안에 없었다"(「귓속에 눈이 내리면」)고 푸념하면서도 포기하는 일 없이 다다를 수 없는 언어를 향해 고투를 이어 갑니다. 대체 어떤 슬픔이 그를 고행의 길로 들어서게 하는 걸까요.

4

결락에서 오는 슬픔은 이 시집 전반부의 한 축을 이루고 있습니다. (시)어머니의 부재는 시인께 특히 고통스러운 일로 선연하게 시에 나타나 있습니다. "제발 버리지 마라", "데려가 달라"(「흔들리는 끝」)는 시어머니를 요양 병원에 두고 온 데 대한 죄책감은 존재의 부재에서 오는 슬픔을 심화합니다. 그럼에도 그는 "그 사람을 불러내는 일은//기억을 하나씩 지우는 의식"(「어제는 오늘이 되지 않는다」)이라고 하면서도 "기다리는 이 없는 봄/오늘도 밀어내"(「봄을 밀어내며」)는 양가적인 감정에 휩싸여 있습니다. 이 부재의 순간이 끝나길 바라면서도, 어머니가 없는 봄을 유예할 수밖에 없는, 이 고통의 한복판에 시인은 서 있는 것입니다.

슬퍼 보이는 발자국은
슬쩍 주워 양지로 옮겨 주고 싶다가도,
사라질 때까지 기다리며
새 울음을 듣곤 했다

어느 날, 푸른 보리밭이 바다를 부르고 있었다
바다의 오래된 발자국
섬을 부르고 있었다

나의 걸음 또한 머지않아
그 발자국을 따라나설 것이다
—「걸음과 그림자」 부분

「걸음과 그림자」는 이 시집에서 가장 긴 작품입니다. 길을 걷다 마주 오는 할머니의 "못 걸으켜"(못 걷겠다) 하는 말은 곧장 뇌졸중으로 거동이 불편해진 어머니를 재우치는 장면으로 이어집니다. 걸음걸음마다 발이 아닌 "엉덩이로 밀고 나가야 했던 날"의 어머니를 떠올리며 시인은 언젠가 그녀가 걸었던 길을 자신도 따라 걷게 될 것임을 깨닫습니다. 어머니를 시에 호명해 내는 한편으로, 그 부재를 받아들이는 애도의 발자국이 시집의 여러 곳에 찍혀 있습니다.

어머니의 부재와 같은 개인적인 아픔의 한편으로 제주 4·3이라는 비극 또한 슬픔의 한 축으로서 시집을 구성하고 있습니다. "숲길을 걷는 이"에게 "함부로 발자국 내딛지 마라"(「어린 때죽나무를 위한 조사」, 『봄날이 어랑어랑 오기는 하나요』, 걷는사람, 2020)던 시인의 결기는 5년이 지난 「때죽나무의 시간」에 이르러서는 "죽어서도 길을 잃고/헤매는 사람들을 떠올"리는 슬픔으로 바뀌어 있습니다. 죽어서도 길을 잃은 사람은 4·3의 희생자임을 어렵지 않게 알 수 있습니다. 무려 77년 전 일임에도 진상 규명은 지지부진하기만 합니다. 4·3의 정명正名이 끝나야만 진정 망령의 천도를 빌 수 있는 것이죠.

곶자왈 굴속 깊이 아직도 숨어 있거나 덩그러니 고무신 안에 빗방울로 남은 말, 천지신명께 비손하는 새벽을 닮은 사람들 그 마지막 음절을 가지에 새긴 팽나무의 말, 그믐날 바람 불면 몸부림치다 흩어져서 돌담네 귀퉁이 여전한 집터에 죽순으로 솟아나는 말, 별빛이 빠져나간 아이의 눈동자 속에 노루귀 꽃받침으로 하얗게 피어나도 끝끝내 죽청지 위에 쓰이지 못한 말 말 말, 그 발치 백비 앞에서 첩첩 적막을 헤매는 나는,

봄은,

뒤돌아볼 때마다 다정하게 깊어졌으나
뼈대 없는 겨울 이야기 부피만 더듬다가
다짐을 살려 내지 못해
자세 한번 바꾸지 못해
―「사월의 좌표」 부분

제주 4·3 평화기념관 전시실에는 백비白碑가 누워 있습니다. 암운이 감도는 그곳에서 시인이 말을 잃은 채 서 있는 모습을 떠올립니다.「사월의 좌표」라는 시를 소리 내어 읽으면, 어느 곳에도 문장이 끝맺어지지 못한다는 걸 금방 알 수 있습니다. 그것은 언어화되지 못하고 빗방울, 죽순, 팽나무, 노루귀와 같은 자연의 모습으로 형상화되어 설움을 대신할 뿐입니다. 말로 표현할 길이 없는 슬픔입니다. 누운 백비를 세우고 이름을 새기지 못하는 데서 오는 비통함이 끝끝내 말을 잇지 못하는 먹먹함과 함께 고스란히 전해집니다. 77년이 지난 지금까지도 제주 4·3의 많은 부분이 공백으로 남아 있습니다. 이 부분 역시 결락의 감각으로 시인 홍경희에게 다가오는 것입니다.

5

그리움이 찾아오는 날은
언제 사라질까

굳어진 눈물에 젖은 상처는
언젠가 가려워질까

—「질문」 부분

그렇다면 이 슬픔은 언제 끝날까요. 시인은 답을 이미 알고 있는지도 모르겠습니다. "무심하게/스스로 돌아설 수 있을"(「드르쌍 내불라」) 때까지 제주도 말로 "드르쌍 내불" 수밖에 없습니다. 물론 말 그대로 그냥 내버려 두라는 말은 아닙니다. 시인 홍경희는 "다시는 돌아가지 못할 곁"이 "누구에게나 있다"(「아무렇지도 않은 듯이」)는 사실을 인정하면서도 "젊은 봄에 닿아 버린 당신을/바람처럼 놓아 드"(「어제는 오늘이 되지 않는다」)리는 슬픔을 시로써 말하고 있습니다. 이 단단한 체념이 역설적으로는 결락의 대상이 곁에 남아 있도록 하는, 묵직한 돌의 언어는 아닐는지 짐작해 봅니다. 이 견고한 "울타리"(「마음 무덤」)라면, "돌멩이들을 묵묵히 견"(「봄을 밀어내며」)뎌 내면서도, 돌 틈으로 갖은 슬픔을 능히 흘려보내고도 남습니다. 그의 시를 읽을 때, "깎고, 쌓고, 빚어 가"(「나를 나이게 하는 곳」)는, 바람을 마주하되, 바람에 쓰러지지 않는 돌담이 연상되는 건 왜일까요. "휘청이는 마음 위에 돌 하나를 얹어/중심을 맞추는"(「수평선 위의 사월」) 수행자의 인내심이 아니고서는 설명할 수 없습니다.

6

시인 홍경희의 고행이 단지 슬픔과 직면하는 것만을 뜻하지는 않습니다. 「돌탑」에서 살펴보았듯, 우리는 불완전한 존재이기에 타인과 갈등할 수밖에 없습니다. 여기에서 오는 타인에 대한 미움과 원망을 극복하는 것도 힘겨운 수행입니다. 증오의 감정을 타인에게서 찾지 않고 "다름 아닌 나"(「나이와 마주하여」)의 문제라고 인식하는 태도에서 그의 통렬한 자기반성을 읽을 수 있습니다. "누군가를 받아들이는 일은/결국 비우는 일"(「바다, 바보」)이라는 대목은 어떻습니까. 마음속의 돌을 꺼내는 행위가 쌓는 일이면서 동시에 내면을 비우는 수행임을 알 수 있습니다. 스스로에게 이토록 엄격하기에 시인의 고행은 쉽사리 끝나지 않을 것 같습니다.

그러나 4부의 「아침의 자세」 연작을 읽으면 저의 짧은 생각이 기우임을 금방 알 수 있을 겁니다. "차가운 사람들 틈"으로 "빛조차 닿지 않았"(「아침의 자세 9」)던 자신을 흑암 속에 가두지 않습니다. "어스름을 창틈으로 흘려보"(「아침의 자세 1」)내며 밝아 올 빛을 기다립니다. 그는 고행의 시간을 반추하며 "따뜻한 신발 한 켤레/신겨 보내"려던 "침묵에 익숙해도 외로운 사람"(「아침의 자세 3」)이 실은 자기 자신임을 드러내고 있습니다. 시인께서는 삶에 대한 염세로 일관하지 않고 봄맞이를 준비하고 있습니다.

나도 나를 밀어내며
아지랑이 피어올리네

누구 앞에서도 색을 잃지 않고
뒤돌아선 말도
그대로 놓아주는 꽃처럼

갈라진 틈 속에서도
길을 내는 꽃처럼

등을 낮추어
섬으로 돌아가리라

—「아침의 자세 10」 부분

"섬으로 돌아가리라" 하는 다짐에서 「아침의 자세」 연작은 제주의 바깥에서 쓰인 시임을 어렴풋이 알 수 있습니다. 고행에서 비롯된 상처를 회복하고 밝아 올 봄을 맞이하기 위해 "발목에 엉겨 있던 걸음을 놓아"(「아침의 자세 1」)주며 마음을 다잡습니다. 선언으로 시작해 다짐으로 끝나는 이 시집을 읽는 동안에도 저는 계속해서 시인 홍경희가 쌓아 둔 돌을 생각하지 않을 수 없었습니다. 그것은 어쩌면 일종의 촘촘한 시의 그물이라고 할 수는 없을까요. 돌 틈에서 피어나는 꽃, 새어 나오는 빛, 흐느끼는 바람을 포착해 내는 그물 말입니다. 그가 성실하게 쌓은 돌탑들이 한데 모여 종국에는 돌담이 되었으면 좋겠습니다.

울었던 자리마다 돌을 쌓으며
2025년 11월 30일 1판 1쇄 펴냄

지은이	홍경희
펴낸이	김성규
편집	조혜주 최주연 권은하 한도연
디자인	신혜연
펴낸곳	걷는사람
주소	경기도 용인시 기흥구 동백중앙로 358-6, 7층 (본사)
	서울 마포구 월드컵로16길 51 서교자이빌 304호 (지사)
전화	031 281 2602 / 02 323 2602
팩스	02 323 2603
등록	2016년 11월 18일 제25100-2016-000083호

ISBN 979-11-7501-039-0 04810
ISBN 979-11-89128-01-2 (세트)

* 이 시집은 제주특별자치도와 제주문화예술재단의 2025년 제주문화예술재단지원사업의 후원을 받아 발간되었습니다.
* 이 책 내용의 전부 또는 일부를 재사용하려면 반드시 지은이와 출판사의 동의를 얻어야 합니다.
* 잘못된 책은 교환해 드립니다.